Anwar Tapias Lakatt

Viviendo el Evangelio

Reflexiones sobre los Evangelios para nuestra vida diaria

Para la gloria de Dios, por permitirme

ser instrumento de su Palabra

con amor y alegría

Índice

Prólogo

El libro que tienes en tus manos, es un libro que nació sin aviso, no es un libro que fue pensado en un primer instante, sino que recoge varias reflexiones que en el transcurso de los meses publicaba diariamente en mi muro de Facebook, y posterior a ello, sentí el impulso de Dios para ponerlos en un libro que nos ayude a vivir mejor el Evangelio.

Estas reflexiones brotan de la intimidad en oración con el Señor, en ese proceso de escudriñar la Palabra para hacerla vida en nosotros.
Cada reflexión busca dar respuesta a interrogantes que enfrentamos diariamente en nuestra vida cotidiana, ya sea en nuestro descubrimiento personal, nuestra relación con Dios y nuestra relación con los demás.

¿De qué manera la Palabra puede dar vida en nosotros? Es la pregunta que se responde en este libro, aplicando las etapas de la Lectio Divina: Lectura, meditación, oración y acción. En este libro encontrarás diferentes reflexiones de los cuatro Evangelios, reflexiones de cómo llevar los textos a nuestra vida diaria, unas tareas o ejercicios para ir transformándonos y asimilando el mensaje, y una oración conclusiva.

Esta no es una obra para leer de carreras, para querer terminarla rápido, sino que es una obra para irla viviendo, de manera que sea Cristo quien vaya haciéndonos nuevas personas. El tiempo que te tomes en la lectura, dependerá de tu compromiso de vivir plenamente lo que Dios te quiere enseñar.

Deseo que disfrutes la lectura de este libro, tanto como lo disfruté escribiendo y preparando, deseando de todo corazón que María Santísima te acompañe en este caminar, ella como discípula perfecta, que acogió en su seno al Verbo encarnado, nos ayude e interceda para que demos frutos verdaderos de conversión.

Dios te guarde

El Evangelio es poder de Dios

Nos dice el Apóstol San Pablo:

*Yo no me avergüenzo del Evangelio, porque es **el poder de Dios** para la salvación de todos los que creen **(Rom 1, 16)***

El Evangelio es poder de Dios porque es la misma palabra de Jesús, el Verbo Eterno humanado que se nos da para salvación. Palabras mismas que son Espíritu y Vida **(Jn 6, 63)**, y que si escuchamos y practicamos seremos como el hombre sensato que edificó sobre la roca **(Mt 7, 24-25)**.

Hay muchas lecturas que la gente sigue para mejorar: libros de crecimiento o superación, libros en que la gente toma las palabras del autor con una certeza y confianza, que sorprende que un texto meramente humano logre eso. Libros que prometen éxito financiero, influenciar a los demás, lograr metas, alcanzar fortuna o hasta conseguir pareja; pero estos libros no pueden prometer la verdadera felicidad, que nos asegura el Evangelio. ¿Por qué no le damos la misma importancia al Evangelio que a estos textos? He visto personas emocionadas por leer un libro de moda o asistir a la charla de un conferencista, pero no se les ve igual con la lectura del Evangelio.

La Iglesia Católica reconoce la preeminencia que tienen los Evangelios sobre el resto de textos bíblicos, incluso del Nuevo Testamento, como bien enseñaron los Padres conciliares en la Dei Verbum:

Nadie ignora que entre todas las Escrituras, incluso del Nuevo Testamento, **los Evangelios ocupan, con razón, el lugar preeminente, puesto que son el testimonio principal de la vida y doctrina del Verbo Encarnado, nuestro Salvador**[1].

Esta preeminencia la vivimos incluso en la Eucaristía en donde la lectura del Evangelio ocupa un lugar importantísimo. Al respecto la Instrucción general del Misal Romano expresa:

La lectura del Evangelio constituye la cumbre de la Liturgia de la Palabra. La Liturgia misma enseña que debe tributársele suma veneración, *cuando la distingue entre las otras lecturas con especial honor, sea por parte del ministro delegado para anunciarlo y por la bendición o la oración con que se prepara;* **sea por parte de los fieles,**

---

[1] Constitución Dei Verbum, Cáp. V, 18.

que con sus aclamaciones reconocen y profesan la presencia de Cristo que les habla, y escuchan de pie la lectura misma; sea por los mismos signos de veneración que se tributan al Evangeliario.[2]

¿Cómo podemos aprovechar para nuestra vida las palabras del Evangelio? Realmente sabiendo que esa Palabra no quedó sólo para ser escrita y venerada, sino que nos habla a cada uno de nosotros, en todo tiempo, siempre actual, siempre fresca, pero conservando su valor perenne y su mensaje central en Cristo. De ahí que el Papa Francisco en la Evangeli Gaudium nos llame a que al comunicar el Evangelio manifestemos el "corazón" del mensaje de Jesús[3]. Pero para conocer el corazón de ese mensaje debemos escucharlos a los pies del Maestro y creyendo que sus palabras son palabras de Vida Eterna; ambas cosas las encontramos en el mismo Evangelio y nos indican qué ese mensaje que viene es de vida eterna y por tanto lo debemos escuchar a sus pies.

---

[2] Instrucción General del Misal Romano, Cáp. II, 60.
[3] Papa Francisco. Evangelii Gaudium, Cap. I, 34.

El primer acento de lo que acabo de expresar nos los enseña el Apóstol San Pedro, cuando es cuestionado junto al resto de Apóstoles por Jesús, sobre si lo piensan abandonar. Leamos:

"Desde ese momento, muchos de sus discípulos se alejaron de él y dejaron de acompañarlo. Jesús preguntó entonces a los Doce: "¿También ustedes quieren irse?"

Simón Pedro le respondió: "Señor, ¿a quién iremos? <u>Tú tienes palabras de Vida eterna.</u> Nosotros hemos creído y sabemos que eres el Santo de Dios". **(Jn 6, 66-69)**

Qué hermoso es leer que el Apóstol San Pedro reconoce que no hay a donde más ir. Teniendo al Verbo Eterno, ¿qué más podemos esperar? No hay lugar más seguro, y por ello la Iglesia custodia ese depósito de fe que recibieron los Apóstoles. Podemos preguntarnos: ¿considero realmente el Evangelio como Palabra de vida eterna?

Jesús lanzó esta pregunta en un momento en que los judíos se habían escandalizado y varios discípulos empezaron a abandonarlo. Hoy el Evangelio es golpeado por un mundo frívolo, distante, deshumanizado, en donde hasta muchos que se llaman "católicos" sólo esperan una excusa para hacer lo mismo. Nuestra respuesta aun hoy debe ser la misma de San Pedro.

Lo segundo que resalto es cómo acogemos esa Palabra, y entonces podemos acordarnos del pasaje de Marta y María. María a los pies del Maestro, escuchando atenta ese mensaje de vida eterna:

"Mientras iban caminando, Jesús entró en un pueblo, y una mujer que se llamaba Marta lo recibió en su casa.

Tenía una hermana llamada María, que sentada a los pies del Señor, escuchaba su Palabra.

Marta, que estaba muy ocupada con los quehaceres de la casa, dijo a Jesús: "Señor, ¿no te importa que mi hermana me deje sola con todo el trabajo? Dile que me ayude".

Pero el Señor le respondió: "Marta, Marta, te inquietas y te agitas por muchas cosas.

*Sin embargo, una sola es necesaria. **María eligió la mejor parte, que no le será quitada (Lc 10, 38-42)***

Estamos llamados a ser como María, a los pies del Maestro, atentos a escuchar lo que nos tiene que decir el Señor Jesús. ¿Qué hay tareas y problemas? Seguramente, pero en medio de ellos es cuando más necesitamos acoger el Evangelio y orientar nuestra vida según su mensaje. ¿Cuánto tiempo le dedicamos a escudriñar en los Evangelios para alimentar nuestra alma? ¿Cuántas veces por ser Marta no hemos logrado ser María?

Reconocer que el Evangelio es Palabra de Vida Eterna, y disponernos a los pies del Maestro para escucharlo, debe finalmente a llevarnos a comprender que es dentro de la Iglesia que nos aseguramos de recibir la buena enseñanza, fiel a lo revelado, en donde no nos desviaremos. Por ello, todo lo que comparto en este libro queda finalmente sujeto al juicio de la Santa Iglesia Católica.

Refuerzo del tema:

1. San Jerónimo dijo que desconocer las Escrituras es desconocer a Cristo. ¿Por qué crees que lo dijo?

2. Haz una lista de las cosas que generalmente haces y compara si te toman más o menos tiempo que leer unas páginas del Evangelio. ¿Cómo podrías hacer para dedicarle más tiempo a la lectura del Evangelio?

Compromiso

Seguir diariamente las lecturas de la Liturgia, sea a través de una página web o de un devocional. Ideal si es en la Eucaristía diaria.

Necesitamos al Espíritu Santo

Cuando nos acercamos a los Evangelios debemos tener claro que nos referimos a un texto inspirado por el Espíritu Santo, y por tanto debe ser leído e interpretado con el mismo Espíritu con que fue escrito[4].

Jesús mismo nos hará ver la necesidad del Espíritu Santo para comprender bien el Evangelio:

"Yo les digo estas cosas mientras permanezco con ustedes. Pero el Paráclito, **el Espíritu Santo, que el Padre enviará en mi Nombre, les enseñará todo y les recordará lo que les he dicho"** *(Jn 14, 25).*

¿Cómo entonces podríamos acercarnos a los Evangelios y querer comprender el mensaje de Dios, sino clamamos primero al Espíritu Santo, para que venga a abrirnos el corazón y la mente, con el fin de comprender qué es lo que Jesús nos quiere decir? Necesitamos al Espíritu Santo, es una verdad que debemos siempre afirmar y compartir. Necesitamos al Espíritu Santo, y él que lo sabe se apresta a iluminarnos para comprender y aceptar la voluntad de Dios.

---

[4] Dei Verbum. Cáp. 3, 14.

Referente al pasaje que hemos compartido, el Papa San Juan Pablo II nos enseñaba en su Encíclica Dominum et vivificantem, referente al Espíritu Santo:

Poco después del citado anuncio, añade Jesús: « Pero el Paráclito, el Espíritu Santo, que el Padre enviará en mi nombre, os lo enseñará todo y os recordará todo lo que yo he dicho ».[12] El Espíritu Santo será el Consolador de los apóstoles y de la Iglesia, siempre presente en medio de ellos—aunque invisible—como maestro de la misma Buena Nueva que Cristo anunció. **Las palabras « enseñará » y « recordará » significan no sólo que el Espíritu, a su manera, seguirá inspirando la predicación del Evangelio de salvación, sino que también ayudará a comprender el justo significado del contenido del mensaje de Cristo**, *asegurando su continuidad e identidad de comprensión en medio de las condiciones y circunstancias mudables. El Espíritu Santo, pues, hará que en la Iglesia perdure siempre la misma verdaa que los apóstoles oyeron de su Maestro[5].*

Cabe resaltar en las palabras de San Juan Pablo II el hecho que el Espíritu Santo asegura la continuidad e identidad de comprensión en medio de las

---

[5] Papa San Juan Pablo II. Dominun et vivificantem, Primera parte, 4.

circunstancias mudables. Quiere decir que a pesar que estemos en el siglo XXI, el mensaje del Evangelio sigue teniendo vigencia y actualidad, porque el hombre a quien va dirigido, sigue siendo creación de Dios, llamado a la filiación divina a través de Jesucristo, y enfrenta la misma debilidad ante el pecado hoy que hace dos mil años. El Plan de Dios sigue siendo el mismo, por tanto el Espíritu Santo nos puede hablar hoy igual que como lo ha hecho siempre.

El Espíritu Santo no es alguien que está sujeto al llamado humano, es Dios en plenitud y se mueve según su voluntad y beneplácito. Sabe cuánto necesitamos conocer el Evangelio y por eso anhela que respondamos a su gracia con docilidad, y sobre todo en unidad. Caben perfecto unas palabras que dijo en su momento el Papa Benedicto XVI al respecto de la acción del Espíritu Santo:

A Nicodemo que, buscando la verdad, va de noche con sus preguntas, Jesús le dice: "El Espíritu sopla donde quiere" (Jn 3, 8). **Pero la voluntad del Espíritu no es arbitraria. Es la voluntad de la verdad y del bien.** *Por eso no sopla por cualquier parte, girando una vez por acá y otra vez por allá;* **su soplo no nos dispersa, sino que nos reúne, porque la verdad une y el amor une.**[6]

Este Espíritu Santo que resiste a los corazones soberbios, se siente a gusto en un corazón dócil y humilde, que acoge con amor y apertura la acción sobrenatural de la gracia divina, para que las palabras del Evangelio sean esa semilla que cayó en tierra buena y dio fruto abundante. Por ello, debemos evitar toda interpretación del Evangelio que vaya en disonancia con la interpretación de la Santa Iglesia, que haciendo uso de una hermenéutica equivocada va en contra vía de los criterios de interpretación enseñados y condensados en los numerales 112 al 114 del Catecismo de la Iglesia Católica.

A veces pensamos que el Espíritu Santo llega sólo a los estudiados, y vaya que es importante estudiar y profundizar la fe, pero también llega a los sencillos de entendimiento y corazón, es decir, a esas personas que aman al Señor y lo experimentan en su cotidianidad sin haber estudiado mucho. Me imagino a una persona que lee los Evangelios, que asiste a la Eucaristía y que para el mundo puede ser un ignorante en muchas cosas, pero que es ahí en esos momentos en donde el Espíritu

---

[6] Papa Benedicto XVI, Homilía en las vísperas de la Vigilia de Pentecostés 2006.

Santo le hace comprender para su vida las palabras de Jesús. Cabe bien mencionar una homilía del Papa Francisco en donde nos decía:

El Espíritu de verdad y de caridad nos recuerda todo aquello que Cristo ha dicho, nos hace entrar cada vez más plenamente en el sentido de sus palabras. Todos nosotros tenemos esta experiencia. En un momento, en una situación, nos viene una idea y esto se une, se relaciona con una parte de la Escritura. Ese es el camino de la memoria viviente de la Iglesia. Esto requiere de nosotros una respuesta: mientras más generosa es nuestra respuesta, en nosotros se transforman más en vida las palabras de Jesús, volviéndose actitudes, elecciones, gestos, testimonio. En esencia, el Espíritu nos recuerda el mandamiento del amor, y nos llama a vivirlo.

Un cristiano sin memoria no es un verdadero cristiano: es un cristiano a mitad de camino es un hombre o una mujer prisionero del momento, que no sabe atesorar su historia, no sabe leerla y vivirla como una historia de salvación. En cambio, con la ayuda del Espíritu Santo, podemos interpretar las inspiraciones interiores y los acontecimientos de la vida a la luz de las palabras de Jesús. Y así crece en nosotros la sabiduría de la memoria, la sabiduría del corazón, que es un don del Espíritu. ¡Que el Espíritu Santo reviva en todos nosotros la memoria cristiana![7]

Antes de abordar nuestras reflexiones de los Evangelios, oremos con esta bella oración al Espíritu Santo, rezada por el Papa San Juan Pablo II:

Ven, Espíritu Creador,
visita las almas de tus fieles
y llena de la divina gracia los corazones,
que Tú mismo creaste.

Tú eres nuestro Consolador,
don de Dios Altísimo,
fuente viva, fuego, caridad
y espiritual unción.

Tú derramas sobre nosotros los siete dones;
Tú, el dedo de la mano de Dios;
Tú, el prometido del Padre;
Tú, que pones en nuestros labios los tesoros de tu palabra.

Enciende con tu luz nuestros sentidos;
infunde tu amor en nuestros corazones;

---

[7] Papa Francisco. Homilía del 8 de junio de 2014.

y, con tu perpetuo auxilio,
fortalece nuestra débil carne,

Aleja de nosotros al enemigo,
danos pronto la paz,
sé Tú mismo nuestro guía,
y puestos bajo tu dirección,
evitaremos todo lo nocivo.

Por Ti conozcamos al Padre,
y también al Hijo;
y que en Ti, Espíritu de entrambos,
creamos en todo tiempo.,

Gloria a Dios Padre,
y al Hijo que resucitó,
y al Espíritu Consolador,
por los siglos infinitos. Amén.

Refuerzo:

1. Leer los numerales 109 a 114 del Catecismo de
   la Iglesia Católica

Compromisos

Leer y meditar el texto de 1 Tes 1, 6, sobre cómo estamos llamados a recibir la Palabra de Dios

Leer sobre los siete dones del Espíritu Santo y pedirlos con fe, reflexionando sobre en qué áreas de mi vida necesito la acción del Espíritu Santo con ellos.

Mis tres dimensiones

Cuando revisamos nuestra vida a la luz de la Palabra de Dios debemos tener presentes que no implica sólo analizar algo interno, individual, sino que nos debemos colocar dentro del plan de Dios, y por tanto debo analizar mi relación con él. De igual forma, en el mundo no existo solo, sino que comparto en sociedad, por lo que también debo revisarme frente a los demás y mi relación con ellos. Cuando lo hago de esta forma descubro que mi vida exige que esas tres dimensiones: personal, con Dios, y con los demás sean, atravesadas y llenadas totalmente con la Palabra de Dios, sabiendo que Dios mismo es la fuente de gracia para poder vivir a plenitud esas tres dimensiones.

Si revisamos cuando a Cristo le preguntan por el mandamiento más importante, ¿qué respondió?:

Jesús respondió: "El primero es: **Escucha, Israel: el Señor nuestro Dios es el único Señor; y tú amarás al Señor, tu Dios, con todo tu corazón y con toda tu alma, con todo tu espíritu y con todas tus fuerzas.**

*El segundo es: **Amarás a tu prójimo como a ti mismo**. No hay otro mandamiento más grande que estos". (Mc 12, 29-31)*

De esta manera, desde nuestra posición como hijo, estoy llamado a amar a Dios y a mi prójimo. Pero de la misma manera, debo reconocer que Dios me amó primero, y ahí trabajo mi dimensión personal.

Es el amor, la fuente y raíz en la que debo revisar mis tres dimensiones. Leamos al Apóstol San Juan en su primera carta:

*Queridos míos, **amémonos los unos a los otros**, porque el amor procede de Dios, y el que ama ha nacido de Dios y conoce a Dios.*

El que no ama no ha conocido a Dios, porque Dios es amor. Así Dios nos manifestó su amor envió a su Hijo único al mundo, para que tuviéramos Vida por medio de él.

*Y este amor no consiste en que nosotros hayamos amado a Dios, **sino en que él nos amó primero**, y envió a su Hijo como víctima propiciatoria por nuestros pecados.*

Queridos míos, **si Dios nos amó tanto, también nosotros debemos amarnos los unos a los otros.** *Nadie ha visto nunca a Dios: si nos amamos los unos a los otros, Dios permanece en nosotros y el amor de Dios ha llegado a su plenitud en nosotros.*

Nosotros amamos porque Dios nos amó primero. El que dice: "Amo a Dios", y no ama a su hermano, es un mentiroso.

¿Cómo puede amar a Dios, a quien no ve, el que no ama a su hermano, a quien ve? *Este es el mandamiento que hemos recibido de él: el que ama a Dios debe amar también a su hermano* **(Jn 4, 7-12.19-21)**

Como podemos notar:

1. Dios nos amó primero (a)
2. Nosotros amamos a Dios (b)
3. Nosotros amamos al prójimo como a nosotros mismos (c)

Pero estas verdades bíblicas nos deben llevar a comprender que:

4. No puedo amar a Dios sin amar al prójimo

5. No puedo amar al prójimo si no me amo
6. No puedo amarme sino me siento amado por Dios

Este ciclo encierra nuestras tres dimensiones. No puedo enfocarme sólo en que Dios me ama, si ese amor que me da no es capaz de llevarme a amar a los demás. Tampoco puedo vivir "amando" a los demás cuando no me valoro y me reconozco como hijo "amado" de Dios.

Debemos en esto encontrar un balance para no confundir el amor propio con el egoísmo, ni confundir el darse a los demás como la indiferencia de nuestra existencia. El amor de Dios es la fuente de todo y lo conduce todo.

El Papa Benedicto XVI en su Encíclica Deus caritas est nos enseñaba:

Amor a Dios y amor al prójimo son inseparables, son un único mandamiento. Pero ambos viven del amor que viene de Dios, que nos ha amado primero. Así, pues, no se trata ya de un « mandamiento » externo que nos impone lo imposible, sino de una experiencia de amor nacida desde dentro, un amor que por su propia naturaleza ha de ser ulteriormente comunicado a otros[8].

Estas tres dimensiones las trato en el libro, al escoger reflexiones de los Evangelios, que nos ayudan a revisar cómo está nuestra vivencia en cada una de estas relaciones: conmigo mismo, con Dios y con los demás. Sólo en el verdadero sentido de la acción de Dios en nosotros podremos experimentar una vida auténticamente cristiana.

Espero que estas reflexiones que encontrarás en las próximas páginas nos ayuden a crecer como católicos y nos despierten ese amor por la Palabra de Dios

---

[8] BENEDICTO XVI, Encíclica Deus caritas est. N.18.

REFLEXIONES

Mi vida a la luz del Evangelio

*"Te aseguro que el que no renace de lo alto
no puede ver el Reino de Dios".*
*Nicodemo le preguntó: "¿Cómo un hombre puede
nacer cuando ya es viejo? ¿Acaso puede entrar
por segunda vez en el seno de su madre y volver
a nacer?"*
*Jesús le respondió: "Te aseguro que el que no
nace del agua y del Espíritu no puede entrar en
el Reino de Dios.*
*Lo que nace de la carne es carne, lo que nace del
Espíritu es espíritu.*
*No te extrañes de que te haya dicho: "Ustedes
tienen que renacer de lo alto".*
*El viento sopla donde quiere: tú oyes su voz, pero
no sabes de dónde viene ni adónde va.*
*Lo mismo sucede con todo el que ha nacido del
Espíritu". (Jn 3, 3-8)*

Entrar a reflexionar sobre nuestra propia vida a la luz
de la Palabra, busca desacomodarnos un poco para

poder colocar nuestro ser en el orden que Dios quiere. Nos impulsa a comprender lo que es "nacer de nuevo"

¿Qué debo cambiar en mí? Es una segunda pregunta que debemos revisar, para empezar a caminar por la senda de la santidad, bien nos decía San Juan Pablo II: *"La vocación del cristiano es la santidad, en todo momento de la vida. En la primavera de la juventud, en la plenitud del verano de la edad madura, y después también en el otoño y en el invierno de la vejez, y por último, en la hora de la muerte"*[9]

En todo momento incluye ahora, cuando has decidido leer estas páginas, que estas reflexiones, nos ayuden a ser mejores cristianos y vivir ese nuevo nacimiento que Dios nos regaló el día del Bautismo pero que tal vez no habías tomado conciencia de ello.

---

[9] JUAN PABLO II: El Buen Pastor da la vida por sus ovejas. Ediciones Palabra, Pág. 73. Versión digital.

Sanar el pasado

"El tetrarca Herodes se enteró de todo lo que pasaba, y estaba muy desconcertado porque algunos decían: "Es Juan, que ha resucitado".

Otros decían: "Es Elías, que se ha aparecido", y otros: "Es uno de los antiguos profetas que ha resucitado".

Pero Herodes decía: "A Juan lo hice decapitar. Entonces, ¿quién es este del que oigo decir semejantes cosas?" Y trataba de verlo"
(Lc 9, 7-9)

Esta sociedad refleja mucho de los valores y pensamientos modernos. En lo espiritual reflejamos a veces una incongruencia de vida entre lo hacemos y el ideal cristiano. El pasaje escogido nos trae el momento en que Herodes se entera de la obra de Jesús, desconcertado porque no sabe quién es, pero lo cierto es que preguntarse sobre Jesús lo lleva a reflexionar sobre su pecado.

Hay tres cosas que suceden cuando no caminamos de verdad con Jesús:

-**Todo el mundo opina algo diferente**. Cada uno tenía una versión diferente de Jesús. Unos decían que era Juan, otros que Elías y otros que algún profeta. Hoy pasa igual, todo el mundo opina algo diferente sobre lo mismo. Llegamos al punto que hay muchas "verdades". Aun en lo que deberíamos tener la misma forma de pensar como católicos, cada quien opina y cree tener la verdad sobre temas incluso como el aborto. Jesús entonces no era él, era para ellos lo que ellos creían y querían que él fuera. ¿Jesús es en mi vida lo que es, o lo que quiero que sea a mi medida?

- **Todos iban al pasado para encontrar la respuesta**. Ninguna de las tres respuestas era sobre alguien del presente. Todos estaban ya muertos: Juan, Elías y los profetas. ¿Por qué? Porque eso que veían pensaba que Dios ya no lo haría, ellos reflejaban su anhelo del Reino viendo al pasado. Nosotros a veces somos así, no afrontamos nuestra realidad, no aprendemos a discernir la voluntad de Dios en nuestra vida sino que preferimos quedarnos en el pasado para no afrontar nuestro presente. Es más fácil hurgar en el pasado que vivir el presente con todos sus retos. ¿Jesús? No, ningún Jesús, es alguien del pasado porque así no necesito escucharlo ni seguirlo, si digo que es uno ya muerto entonces sigo en mi zona de confort. ¿Pensamos así?

- **Ignorar el pasado no cambia la realidad.** Herodes recuerda su pecado, y por ello sabe que el matar a Juan no cambia su condición de adúltero. Herodes pensó acallar su pecado matando a Juan, pero Jesús vendrá con un mensaje más fuerte y duro frente a la santidad y el camino al Reino. Herodes se desconcierta ante esto. ¿Quién es este? Herodes quiere verlo. ¿Para dejar a su amante? No. Lc 13, 31 dice: "En ese momento se acercaron algunos fariseos que le dijeron: "Aléjate de aquí, porque Herodes quiere matarte". Herodes se desilusionó porque Jesús tampoco alcahuetea el pecado. Así hay muchos que ven a Jesús con curiosidad pensando que verlo basta. No, hay que ser obediente y cambiar lo malo. Muchos al comienzo quieren ver a Jesús pero cuando no sigue sus planes, luego lo quieren matar.

Vaya si este pasaje retrata lo que es ser cristianos de boca

Compromiso individual

1. Haz una lista de experiencias del pasado que aun te están afectando hoy día, sea por tus

errores o los de otros. ¿Por qué crees que te siguen afectando?

2. Lee esta frase de la Encíclica Paenitentiam Agere: *"La oración y la penitencia son los dos potentes medios puestos por Dios a disposición de nuestros tiempos para reconducir a Él a la humanidad miserable, aquí y allá errante y sin guía. Son dichos medios los que restituyen y reparan la causa primera principal de toda subversión, es decir, la rebelión del hombre contra Dios"*

Ahora, haz tu preparación para la Confesión de esas experiencias negativas de culpa o falta de perdón, que habías tenido olvidadas.

Compromiso grupal

Busca a personas a quienes hayas hecho daño en el pasado y pídeles perdón, o busca y perdona a quien te hizo daño.

Oración

Señor Jesús, reconozco mis culpas y te pido perdón por cada una de mis faltas. Sé que tu misericordia es infinita y que eres el dueño de mi vida. Toma mi pasado y sana mis heridas, para que pueda vivir un presente libre de cadenas y opresiones, valorando tu presencia cada día más. Amén.

¿Dónde dejaste los talentos?

"No se enciende una lámpara para cubrirla con un recipiente o para ponerla debajo de la cama, sino que se la coloca sobre un candelero, para que los que entren vean la luz.
Porque no hay nada oculto que no se descubra algún día, ni nada secreto que no deba ser conocido y divulgado.
Presten atención y oigan bien, porque al que tiene, se le dará, pero al que no tiene, se le quitará hasta lo que cree tener" **(Lc 8,16-18)**

Había una vez un hombre que perdió una joya valiosa en un cuarto que estaba sin luz. Cuando se dio cuenta empezó a buscarla, pero lo hizo en otro cuarto diferente. Un hombre que lo vio le preguntó: ¿por qué buscas la joya en este cuarto y no en el que se te perdió? Porque allá está oscuro y acá hay luz.

El texto escogido nos trae la parábola de quien enciende una lámpara, pero Jesús exhorta que no la debe colocar oculta sino en el candelabro para que ilumine al que entre.

A veces encendemos la luz del Evangelio, pero la tapamos con un recipiente o bajo cama.

¿Para qué sirve un recipiente? Para guardar cosas, ¿y una cama? para dormir. Pues eso, que a veces nosotros tomamos los dones de Dios, el llamado, su acción en nuestra vida y lo que hacemos es guardarla en un recipiente. Allí queda como cuando uno sabe en su casa dónde guarda algo pero nunca lo usa, pero aunque no lo usa no lo comparte ni se lo da a quien lo necesita, simplemente se enorgullece de lo que no utiliza. ¿Nos ha pasado? Seguramente nos pasa con alguna vajilla, un perfume, unas joyas, nunca las usamos pero tampoco las regalamos. Así nos pasa con el Señor: una hermosa voz se deja oculta, una capacidad de enseñar la fe no se pone al servicio por falta de tiempo.

Y ponerla bajo la cama, porque a veces nos dormimos como pensando que la luz está ahí abajo, que por ello es que podemos descansar, pero resulta que bajo cama nada hace. Nos dormimos y nos quedamos indiferentes ante un mundo que a gritos necesita que le muestren la luz de Cristo. Dormidos estamos cuando en nuestras prioridades como cristianos no está el anunciar a Cristo, cuando nos relajamos en nuestros planes pero no nos ponemos diligentes ante el Señor. ¿Te has dormido en el servicio? ¿Cuántas personas no han escuchado el Evangelio de ti pudiendo hacerlo? Pero no, bajo cama guardamos muchas cosas que Dios nos ha dado y que no las dio para tenerlas ahí. Hoy es el día, sácalas, ponlas a la luz para que todos glorifiquen a Dios por esos talentos.

Que hoy seamos candeleros, que reciban esa luz de Cristo y la hagan brillar con más fuerza en la vida de los demás, porque así recibiremos más luz. Pero guardada en el recipiente y puesta bajo la cama, nos quitarán hasta eso que creemos que tener ahí sin usar. Porque otro día, alguien más vendrá a esa cama y encontrará esa oportunidad que no valoraste

Compromiso individual

1. En un momento de oración, medita los carismas y talentos que has recibido de parte de Dios. Medita cómo los estás utilizando y si son para darle gloria a Dios.
2. Leer los numerales 799 – 802 sobre los carismas, en el Catecismo de la Iglesia Católica.

Compromiso grupal

1. Ofrecerme en algún apostolado, sea en la Parroquia, en algún grupo de oración o en un voluntariado, para poner mis dones al servicio de Dios.

Oración

Señor, hoy quiero agradecerte por el don de la vida que me has dado, porque soy un milagro de tu amor. Me escogiste desde hace mucho y pensaste en mí con amor de Padre. Me has dotado de carismas y talentos, que hoy renuevo mi compromiso para ponerlos a tu servicio. Ponme en donde más te sea útil, para que mis manos sean las tuyas, mi voz sea la tuya y mis pies los tuyos.

Amén.

Cuando Dios te devuelva a la vida

En seguida, Jesús se dirigió a una ciudad llamada Naím, acompañado de sus discípulos y de una gran multitud.

Justamente cuando se acercaba a la puerta de la ciudad, llevaban a enterrar al hijo único de una mujer viuda, y mucha gente del lugar la acompañaba.

Al verla, el Señor se conmovió y le dijo: "No llores".

Después se acercó y tocó el féretro. Los que lo llevaban se detuvieron y Jesús dijo: "Joven, yo te lo ordeno, levántate".

El muerto se incorporó y empezó a hablar. Y Jesús se lo entregó a su madre.

Todos quedaron sobrecogidos de temor y alababan a Dios, diciendo: "Un gran profeta ha aparecido en medio de nosotros y Dios ha visitado a su Pueblo".

El rumor de lo que Jesús acababa de hacer se difundió por toda la Judea y en toda la región vecina
(Lc 7, 11-17)

Cuando pecamos perdemos la gracia divina y nos hacemos rebeldes ante Dios. En ese estado estamos como un cadáver que si no es por la misericordia divina no podríamos tener la esperanza de una vida nueva. ¿Te has sentido así? En este texto vamos a ver qué sucede cuando Cristo nos resucita con la gracia del perdón, y para ello vamos a notar dos cosas que hace el hijo de la viuda cuando vuelve a la vida:

- **El joven empezó a hablar.** Una de las señales cuando hemos regresado a la vida; aquí entran los momentos o etapas en que estábamos perdidos, alejados, lejos de Dios, es precisamente contar las maravillas de Dios. Cuando encontramos o descubrimos a Dios, el corazón se nos llena y lo que queremos hacer es hablar de Dios. Si Jesús nos ha rescatado pero no hablamos de lo que Jesús ha hecho, ese encuentro fue falso. Pudo ser emotivo, pudiste llorar de emoción, pero si luego de eso no hay un deseo ardiente de hablar de lo que Dios hace en tu vida necesitas revisar ese encuentro. Piensa en cuantos necesitan escuchar de Dios, ¿qué estás esperando?

- **La familia se une**. Jesús lo entrega a su madre, quiere decir, que la familia se unió. Una de las señales de que hemos sido rescatados, encontrados como la oveja perdida, es que la familia se une. Si yo digo que Jesús me ha devuelto a la vida pero eso no me acerca a mi familia, ese encuentro es falso. No podemos ser testimonio cuando nuestra familia va por un lado y nuestra vida por otro, porque a veces eso nos relaja de pensar que conmigo basta para que otros se salven. El llamado es a entregarnos a nuestra familia y recuperar a los que estén alejados de Dios.

Si vas como camino al funeral, si quienes te acompañan es para enterrarte, recuerda que Jesús se conmovió. No está marcado nuestro futuro si volvemos arrepentidos al Señor. Si somos ese joven que volvió a la vida, revisemos de quien hablamos y revisemos qué tan cerca estamos de nuestra familia.

Compromiso individual

1. Recuerda alguna experiencia que hayas vivido, en la que el Señor tocó tu corazón. ¿Te sentías

muerto como el hijo de la viuda? ¿Cómo ha cambiado tu vida hasta hoy y qué propósitos harás para seguir ese camino?

2. Vas a ofrecer el rezo del Santo Rosario, momentos de oración frente al Santísimo, y Eucaristías por el alma de tus familiares que están alejados de Dios y viviendo en pecado, para que Dios obre en ellos.

Compromiso grupal

1. El Papa Francisco dijo en una homilía:

"Nuestra reconciliación con el Señor no termina en el diálogo 'Yo, tú y el sacerdote que me perdona'; termina cuando Él nos devuelve a nuestra madre. Allí termina la reconciliación, porque no hay camino de vida, no hay perdón, no hay reconciliación fuera de la madre Iglesia[10].

Como hijo que vuelve a la vida, también lo volvemos a la vida de la gracia. Revisa quienes de tu familia se han alejado de la madre Iglesia por tu comportamiento e

---

[10] Homilía del 17 de septiembre de 2013.

invítalos nuevamente con una actitud de gozo y de reconciliación.

Oración

Señor Jesús, que así como te compadeciste de la viuda de Naim, al ver su hijo fallecido, ten compasión de mí y mi familia. Te suplico nos devuelvas la vida de gracia por medio de tus sacramentos en el poder del Espíritu Santo. Arranca nuestra vida del sendero de la muerte y llévanos a anunciar con valentía, las maravillas de tus obras.

Que mi familia no vaya camino al sepulcro sino camino a la santidad, unidos y guiados por ti.

Amén

Por vivir en el pasado perdemos bendición

"Cuando estaba por cumplirse el tiempo de su elevación al cielo, Jesús se encaminó decididamente hacia Jerusalén y envió mensajeros delante de él. Ellos partieron y entraron en un pueblo de Samaría para prepararle alojamiento.
Pero no lo recibieron porque se dirigía a Jerusalén.
Cuando sus discípulos Santiago y Juan vieron esto, le dijeron: "Señor, ¿quieres que mandemos caer fuego del cielo para consumirlos?". Pero él se dio vuelta y los reprendió.
Y se fueron a otro pueblo" **(Lc 9, 51-56)**

Hoy el Evangelio nos cuenta el camino que Jesús continúa para culminar su misión, es una característica en San Lucas, mostrar la vida de Jesús como un camino. Y en ese camino deben llegar a un pueblo de Samaría pero no los recibieron porque iban a Jerusalén. En esta historia notamos varias cosas:

- **El problema no era Jesús ni los Apóstoles**. Los samaritanos no gustaban de los judíos y viceversa. Era una disputa que venía desde el destierro a Asiria que sufrió el reino del Norte, porque los asirios trajeron paganos a ocupar las tierras israelitas y revolvieron el culto a Yahvé con paganismo. Así que en este pueblo no quieren acoger a Jesús. ¿El problema era Jesús? No. Jesús traía el mensaje de salvación, traía sanación y liberación. ¿El problema eran los Apóstoles? Tampoco. Así nos pasa cuando predicamos y servimos al Señor y rechazan el mensaje por una situación o error de alguien más. Gente que está resentida por algo de la Iglesia y creen que rechazando a Jesús lo arreglan. Habrá personas que encontraremos que rechazan a Dios por algo que les dijeron o por culpa de alguien más. Que no nos desanime, y sepamos que es una realidad que hasta el mismo Señor pasó.

- **Vivir en el pasado nos impide ver las bendiciones**. Jesús no llegaba a un sitio sin predicar el mensaje y hacer milagros a los necesitados. ¿Había gente en este pueblo que necesitaba de Dios? Seguro que sí, pero su orgullo era superior a su necesidad de Dios. Aquí pienso cuando escucho decir a alguien que no volvió a una parroquia por tal sacerdote, que no volvió a una comunidad porque ese día le pasó tal cosa. No importa que después ese sacerdote o esa persona no estén, ya no vuelve, y puede que sea una bendición regresar pero por el pasado no lo hacen. Vivir en el pasado es dañino, vivir alimentando una rencilla del pasado es nocivo porque nos impide ver lo bueno que la vida nos trae

- **No tomemos personal lo que no es**. Los Apóstoles quieren hacer caer fuego del cielo que mate a ese pueblo, vaya actitud de estos hombres escogidos. Me aterra lo que podemos justificar hacer en nombre de Dios. Cuando por defender algo sagrado me vuelvo, igual que quien lo ataca no he hecho nada, sólo avergonzar al Señor. Cuando ofendo y denigro defendiendo algo de quien lo ofende y denigra, no soy mejor. Por eso el Señor los reprendió, así como reprendió al viento que azotaba la barca (Mt 8, 26), porque lo que Jesús quiere es salvar. Preguntémonos por las veces que hicimos caer fuego del cielo creyendo que con eso dignificábamos al Señor, porque así vemos que los Apóstoles no eran tan diferentes con los samaritanos.

Compromiso individual

1. Orar por aquellas personas con quienes en el camino cristiano nos hemos discutido o enemistado.

2. ¿Cómo he reaccionado cuando he querido defender mi fe? San Francisco de Sales decía: *"El que es dulce no ofende a nadie, soporta y sufre de buena gana a los que le hacen mal, sufre pacientemente los golpes y no devuelve mal por mal. El que es dulce no se turba jamás, sino que empapa todas sus palabras en la humildad, venciendo el mal por el bien.*

   ¿Qué puedo aplicar de ahora en adelante?

Compromiso grupal

1. Meditar qué prejuicios he tenido contra miembros de algún grupo, familia, comunidad o

empresa, por el solo hecho de ser parte de ellos. Aprender a verlos por lo que son y no por lo que representan.

Oración

Señor Jesús, que en tu camino entre nosotros tuviste que enfrentar el rechazo de varios pueblos y el mal actuar por momentos de tus apóstoles, enséñame a ser dócil ante el rechazo, humilde para no pedir que caiga fuego del cielo sino el fuego del amor en mi corazón, para ver a los demás como tú los ves.

Ayúdame a no vivir en el pasado, a aprender a valorar lo que he vivido y descubrir en mi presente y realidad las bendiciones que me has concedido.

Amén.

Transforma tu historia

Genealogía de Jesucristo, hijo de David, hijo de Abraham:
Abraham fue padre de Isaac; Isaac, padre de Jacob; Jacob, padre de Judá y de sus hermanos. Judá fue padre de Fares y de Zará, y <u>la madre de estos fue Tamar</u>. Fares fue padre de Esrón; Esrón, padre de Arám; Arám, padre de Aminadab; Aminadab, padre de Naasón; Naasón, padre de Salmón.

*Salmón fue padre de Booz, y <u>la madre de este fue Rahab</u>. Booz fue padre de Obed, y <u>la madre de este fue Rut</u>. Obed fue padre de Jesé; Jesé, padre del rey David. David fue padre de Salomón, y <u>**la madre de este fue la que había sido mujer de Urías.**</u>*

Salomón fue padre de Roboám; Roboám, padre de Abías; Abías, padre de Asaf; Asaf, padre de Josafat; Josafat, padre de Jorám; Jorám, padre de Ozías. Ozías fue padre de Joatám; Joatám, padre de Acaz; Acaz, padre de Ezequías; Ezequías, padre de Manasés.
Manasés fue padre de Amós; Amós, padre de Josías;

Josías, padre de Jeconías y de sus hermanos, durante el destierro en Babilonia.

Después del destierro en Babilonia: Jeconías fue padre de Salatiel; Salatiel, padre de Zorobabel; Zorobabel, padre de Abiud; Abiud, padre de Eliacím; Eliacím, padre de Azor. Azor fue padre de Sadoc; Sadoc, padre de Aquím; Aquím, padre de Eliud; Eliud, padre de Eleazar; Eleazar, padre de Matán; Matán, padre de Jacob. Jacob fue padre de José, el esposo de <u>María, de la cual nació Jesús, que es llamado Cristo.</u>

El total de las generaciones es, por lo tanto: desde Abraham hasta David, catorce generaciones; desde David hasta el destierro en Babilonia, catorce generaciones; desde el destierro en Babilonia hasta Cristo, catorce generaciones. (Mt 1, 1-17)

¿Te aburriste? ¿Pensaste que tantos nombres qué significan? Estos son nombres que sin estudiar la Biblia puede que no nos digan nada. Quiero detenerme en el único personaje al que no mencionan por su nombre sino por una referencia de su pasado: Betsabé la madre de Salomón, la ves en el segundo párrafo en la última línea.

A las demás mujeres las mencionan por su nombre: Tamar, Rahab, Rut y la misma Virgen María; pero vemos que a Betsabé la mencionan como " la que había sido mujer de Urías". Exceptuando a la Santísima Virgen María, estas mujeres no tenían una vida muy digna para los judíos: Tamar era prostituta, Rahab también, y Rut una extranjera viuda, pero hablemos de Betsabé y su vida. Benedicto XVI en su obra "Jesús de Naxareth" resaltará de estas mujeres que eran gentiles, valorando cómo la salvación de Jesús llega a todos y se vale de todos[11].

Una referencia a su pasado, que no esconde lo que fue antes de estar con David, pero que así mismo nos muestra la misericordia de Dios al de esta mujer engendrar a Salomón, rey sabio. Esta mujer que perdió un hijo producto del pecado, fue premiada con ser madre de Salomón. ¿Pudo San Mateo simplemente darle su nombre en la genealogía? Sí, pero nos quiso dejar esta referencia para que veamos que aun con el pasado que podamos tener, todos tenemos cabida en el plan de Dios.

Betsabé tuvo mucho que ver en la elección de Salomón como rey, y así entendemos que nosotros tenemos

---

[11] RATZINGER, Joseph. La infancia de Jesús, pág. 14.

mucho que ver en la elección de Jesús como el Señor de nuestras vidas. Jesús es el salvador de nuestra vida, pero que en su historia, en su pasado hubo una mujer que luchó por asegurar el linaje de esa descendencia.

Seamos como esa mujer, sin nombre en la genealogía, marcada por su pasado, pero que a pesar de eso, contribuyó al linaje de Jesús. Hagamos el bien, sin importar nuestros errores anteriores, llevemos una vida tal, que luego alguien aunque no recuerde nuestro nombre sepa que de alguna manera los acercamos a Jesús, los ayudamos a cambiar de vida y le mostramos ese rostro de misericordia de nuestro Dios.

¿Y tú, has sido el Betsabé en la vida de alguien?

Compromiso individual

1. ¿Recuerdas a alguien que te haya dado un consejo, exhortado o leído en una red social para acercarte a Dios aunque no lo conocieras? Ofrece una oración por ellos.

2. Lee 2 Re 18, 1-8 y analiza que hizo el rey Ezequías de diferente a su padre Ajaz. ¿Cómo

puedes transformar tu historia familiar para que sea tierra de bendición a partir de ahora?

Compromiso grupal

1. Lee 2 Tim 1, 5 y medita cómo quieres irradiar a las futuras generaciones de tu familia.

Oración

Señor Jesús, tú que eres señor de la historia, de mi familia y mi vida, dame la capacidad de aceptar de dónde vengo, enséñame a valorar lo bueno que hay en mi familia y a tener misericordia de quienes en el pasado se han equivocado, incluso conmigo.

Dame la fuerza y la gracia para poder de aquí en adelante, asumir las riendas de mi vida sin culpar el pasado. Que con la fuerza del perdón, pueda seguir mi camino con la meta puesta en la vida eterna.

Amén

Meditación final de mi vida personal

Luego de haber recorrido el camino de nuestra vida personal por estas cinco reflexiones, nos damos cuenta que a veces nos conocemos poco, que a veces no nos hemos detenido a evaluarnos de forma consciente y reconocer que tenemos mucho que cambiar en nosotros mismos, para poder tener una relación sana con los demás.

En esta etapa de nuestro recorrido hemos recibido las luces del Evangelio, la fuerza de la Palabra de Dios que transforma, que libera y sana, para cambiar nuestro corazón y dar un paso más en nuestra constante conversión.

Podemos recapitular esta etapa así:

- Necesitamos sanar el pasado, porque ahí están las raíces de muchos de nuestras heridas emocionales, y sólo la fuerza del Evangelio obrando nos puede sanar.

- Necesitamos reconocer los dones que Dios nos ha dado, para descubrir lo valioso que somos ante sus ojos y aceptar su llamado para servirlo.

- Necesitamos vivir el presente, saliendo del pasado. Pasado que ya sanamos y no necesitamos seguir ahí. Con un pasado sano, podemos vivir hoy en la libertad de Cristo, quien transformando por su gracia, irradia la luz del Evangelio.

- Necesitamos que nuestro encuentro personal nos lleve a ser mensajeros del Evangelio en nuestra familia, asumir nuestro papel con ella y ser anunciantes alegres de la Palabra.

- Necesitamos tomar nuestra vida y seguir el camino, siendo responsables y superando las adversidades que hayamos tenido, sin importar lo que haya ocurrido en el pasado. Nuestro futuro es la vida eterna y hacia ella debemos trabajar.

Mi relación con Dios a la luz del Evangelio

"No son ustedes los que me eligieron a mí,
sino yo el que los elegí a ustedes,
y los destiné para que vayan y den fruto,
y ese fruto sea duradero.
Así todo lo que pidan al Padre en mi Nombre,
él se lo concederá" **(Jn 15, 6)**

Siguiendo nuestro camino por el Evangelio, en esta etapa vamos a reflexionar sobre nuestra relación personal con Dios. Hasta el momento, hemos meditado sobre nuestra vida personal, en lo que debemos cambiar, en lo que debemos dejar que la gracia nos transforme a un hombre nuevo, pero si no mantenemos una relación con Dios, una intimidad con él, difícilmente nos podremos mantener.

Nuestra relación con Dios la alimentamos de muchas maneras: la oración, la Palabra, los sacramentos, el ayuno, o el sufrimiento ofrecido.

Revisemos entonces a través del Evangelio, qué debemos cambiar, en qué estamos fallando en esa relación íntima con él, sabiendo que entre más amor de Dios manifestemos, es porque más su presencia se ha hecho presente:

"Jesús le respondió: "El que me ama será fiel a mi palabra, y mi Padre lo amará; iremos a él y habitaremos en él" **(Jn 14, 23)**

¿Con quién pasas en oración?

"En esos días, Jesús se retiró a una montaña para orar, y pasó toda la noche en oración con Dios" **(Lc 6, 12)**

Este texto menciona algo que parece redundante, que el tiempo de oración es con Dios, pero en estos tiempos, ¿es redundante? No lo creo. Hoy en día la oración se ha reducido a un mero ejercicio mental de concentración, de contacto con la naturaleza, del fluir de energías, incluso de hasta colorear mandalas.

Pasamos de comprender que la oración que es alimento del alma encuentra su fuente en Dios mismo, que es el Señor a quien dirigimos nuestras oraciones, una persona divina, que me ama, que me escucha y que me quiere a su lado por la eternidad; a comprender todo como un sumergirse en una fuerza divina panteísta que fluye a punta de cuarzos y otros fetiches.

Hoy la oración ha pasado a ser incluso una fórmula mágica para todo, para ser prospero, para tener pareja, para tener felicidad, eso sí, vaciado de su contenido cristiano, vaciado de su raíz cristiana e insertado en un mundo que juega a ser espiritual pero sin serlo.

La Palabra nos recuerda que el tiempo de oración se pasa en la intimidad con Dios, en lo espontaneo del corazón para decirle al Dios que amamos, qué es nuestro todo. Cuando Dios no es el centro de tu oración es cuando aparece el yoga, el reiki, los cuarzos, las energías y todo el rollo de la Nueva Era que nos quiere tener convencidos que lo ideal es ser espiritual sin ser religioso, sin saber que es en la relación con Dios (religare) de donde brota la verdadera comunión con él.

No olvidemos que en la oración necesitamos clamar al Espíritu Santo, quien viene en nuestro auxilio porque no sabemos cómo pedir **(Rom 8, 26-27)**, pero él nos ilumina, nos impulsa desde el corazón para orarle al Señor. No olvidemos nunca en nuestra oración al Espíritu Santo.

Compromiso individual

1. Medita la siguiente frase de San José María Escrivá:

Me has escrito: "orar es hablar con Dios. Pero, ¿de qué?" — ¿De qué? De Él, de ti: alegrías, tristezas, éxitos y fracasos, ambiciones nobles, preocupaciones diarias..., ¡flaquezas!: y hacimientos de gracias y peticiones: y Amor y desagravio.

En dos palabras: conocerle y conocerte: "¡tratarse!"

¿Cómo tratas a Dios en la oración? Empieza a interiorizar lo que dirías a quien te ama, y hazlo con Dios sabiendo que es la fuente del amor.

2. Lee Ef 6, 18 y medita sobre los momentos en tu vida qué no oraste. ¿Cómo terminó todo? ¿Qué enseñanza sacas de eso?

Compromiso grupal

1. Invita a orar a alguien más según tu estado de vida: sea tu esposa, hijos, algún compañero de trabajo a la hora del almuerzo, sea al grupo de amigos. Recuerda lo importante que es conocer y amar al Señor en oración.

Oración

Señor Jesús, hoy te pedimos la fuerza del Espíritu Santo, que viene en nuestro auxilio, para poder descubrir el poder de la oración. Toma nuestra vida en tus manos, y enséñanos a orar como enseñaste a los Apóstoles. Que tu Palabra sea nuestra guía para sostenernos en cualquier momento, y comprendamos que la alabanza, la súplica, la acción de gracias y el pedirte perdón, son ramas de ese bello árbol llamado oración.

Amén.

Soy el pan de Vida

Los judíos murmuraban de él, porque había dicho: "Yo soy el pan bajado del cielo". Y decían: "¿Acaso este no es Jesús, el hijo de José? Nosotros conocemos a su padre y a su madre. ¿Cómo puede decir ahora: 'Yo he bajado del cielo'?" Jesús tomó la palabra y les dijo: "No murmuren entre ustedes. Nadie puede venir a mí, si no lo atrae el Padre que me envió; y yo lo resucitaré en el último día. Está escrito en el libro de los Profetas: Todos serán instruidos por Dios. Todo el que oyó al Padre y recibe su enseñanza, viene a mí. Nadie ha visto nunca al Padre, sino el que viene de Dios: sólo él ha visto al Padre. Les aseguro que el que cree, tiene Vida eterna. Yo soy el pan de Vida. Sus padres, en el desierto, comieron el maná y murieron. Pero este es el pan que desciende del cielo, para que aquel que lo coma no muera. Yo soy el pan vivo bajado del cielo. El que coma de este pan vivirá eternamente, y el pan que yo daré es mi carne para la Vida del mundo".

(San Juan 6,41-51)

El Evangelio de San Juan tiene unas particularidades en la forma de expresarse Jesús, porque siempre nos deja ver la forma equivocada en que los judíos asumen sus palabras. Por ejemplo cuando le dijo a Nicodemo que debía nacerse de nuevo, él entendía que era de forma fisiológica **(Jn 3, 4)**; cuando le dijo a los judíos que destruyeran el Templo y él lo reconstruiría en 3 días, ellos lo entendieron con el Templo físico **(Jn 2, 20)**; cuando le dijo a la samaritana que si ella supiera quien era él le pediría agua y ella entendió que Jesús le daría agua del pozo **(Jn 4, 11)**. Como vemos, Jesús nos habla de un mensaje espiritual y sobrenatural y ellos se quedaron en el mensaje carnal y físico. En el pasaje vemos algo similar, a los judíos murmurando por haber dicho: Yo soy el pan vivo bajado del cielo. No comprendieron la profundidad del mensaje.

Reflexionemos sobre lo que el Señor nos quiere mostrar en este mensaje aplicado a nuestra vida espiritual. Es un mensaje eucarístico, en el que podemos resaltar varias cosas:

Primero: Yo soy el pan de vida. Cristo nos alimenta en la Eucaristía, él es nuestro alimento. ¿Con qué nos alimentamos? El mundo ofrece tantos placeres y distractores, la humanidad alejada de Dios termina alimentándose de cosas pasajeras y superfluas, que no nutren verdaderamente el alma. Hoy estamos llamados a redescubrir que Cristo es el pan de vida. Es el llamado entonces a no ver la comunión, como una simple norma o costumbre, como algo desconectado de quien está presente en el pan y en el vino. Es el mismo Cristo. ¿Lo dudas? Pide hoy al Señor que te dé el don de la fe para poder contemplarlo en la Eucaristía. No es comulgar como un requisito no más, es realmente creer que Cristo mismo, se hace presente.

Segundo: El que coma de este pan no muere. El recibir a Cristo no es solo vivir un momento y ya, es realmente alimentarse para la vida eterna. Cada vez que comulgamos, aumentamos esa gracia de Dios en nosotros. Dejamos que sea el Señor el que haga la obra en nosotros, y seamos más dóciles a su voluntad. Si sólo comulgamos en las misas de eventos que nos invitan, sino somos cristianos de una vida frecuente de comunión, nos perdemos del banquete que alimenta para la vida eterna. No es solo alimentarnos de un mensaje, no es sólo decir que lo recibo mentalmente. Cristo se refiere a comerlo a él. El lenguaje original del griego es claro en esto. Cristo nos pide masticarlo, pero no como un caníbal, sino como quien verdaderamente cree que se nos da como alimento REAL por medio de las especies del pan y del vino. Es una promesa real que nos hace que quien coma de ese pan vivirá eternamente, porque es a EL a quien recibimos.

Tercero: el pan es su carne. No se trata de un mero simbolismo. A partir de este verso, Cristo recalcará mucho que su carne es comida verdadera. Muchos caen en la tentación de reducir estas palabras a una simple simbología y desconocer que realmente en el pan está presente Cristo. Lo ven como una alegoría tal como cuando dijo soy el camino, la luz o la puerta. Sin embargo, aquí clarifica y nos enseña que ese pan vivo, es su propia carne, es decir descifró realmente que no era una simple analogía sino que realmente lo recibimos al comer el pan. En cada Eucaristía, es él dando su carne para la vida del mundo.

Seamos capaces de responder al llamado y acepar ese encuentro, ese sacrificio incruento en donde Cristo se nos dona como ofrenda de amor, en donde el rey del Universo es capaz de hacerse pequeño como un pedazo de pan para que podamos alimentarnos espiritualmente y caminar hacia la vida eterna.

Compromiso individual

1. Busca la película: El Gran Milagro, y vela con tu familia para que puedas dimensionar lo hermoso de la Eucaristía. ¿La entendías así?
2. Visita a Jesús Eucaristía en el Santísimo Sacramento. No hay experiencia que llene más después de la Eucaristía que ello. Saca unos minutos si puedes en la semana para hacerlo. Es la mejor forma de contemplar a Jesús, hablarle y sobre todo escucharle.

Compromiso grupal

1. Proponte llevar a alguien a la Eucaristía, alguien que esté alejado. Pero prepáralo, explícale lo maravilloso que ahí sucede y ora para que disponga su alma a lo que va a vivir, y exhórtalo a que esté confesado. De seguro hay muchas personas a las que puedes llevar a la Eucaristía.

Oración

Señor Jesús, que te hiciste ofrenda en ese pedazo de pan, déjame poder contemplarte en cuerpo, sangre, alma y divinidad. Déjame poder recibirte, para que tu plenitud obre en mí, me lleve por el camino del bien e inflame el deseo ardiente de no perder nunca tu gracia. Déjame adorarte en el Santísimo Sacramento del altar, en donde vengo a llenarme de ti, a reposar en ti y entregarte mis cargas.

Amén.

Cerca de la cruz, cerca de María

Junto a la cruz de Jesús, estaba su madre y la hermana de su madre, María, mujer de Cleofás, y María Magdalena.
Al ver a la madre y cerca de ella al discípulo a quien él amaba, Jesús le dijo: "Mujer, aquí tienes a tu hijo".
Luego dijo al discípulo: "Aquí tienes a tu madre". Y desde aquel momento, el discípulo la recibió en su casa. (Jn 19, 25-27)

La experiencia del dolor la vivimos todos, y en mayor medida la vivió la Santísima Virgen María, por lo que la Iglesia tiene un día para celebrar la fiesta de Nuestra Señora de los dolores, fiesta que se tiene un día después de la Exaltación a la Santa Cruz, para que veamos que el dolor de María está unido de manera íntima al dolor de la Cruz. Por tanto, hoy Jesús habla desde la Cruz.

Hay dos momentos de cercanía que San Juan nos relata:

- **Junto a la cruz, estaba su madre**. María Santísima estaba ahí con su Hijo, en el momento más duro, en el momento crucial, ella se mantuvo al lado de su Hijo, amándolo, siendo fuerte en medio del dolor. ¿Hemos tenido momentos duros en la vida? María también, y el texto escogido nos enseña que estar junto a Jesús es estar junto a la Cruz. Ante un cristianismo light, que sólo piensa en dinero, abundancia o pura zona de confort, hoy vemos que estar con Jesús en la cruz, es estar junto a María. ¿Por qué rechazamos la Cruz cuando hasta el mismo Señor murió en ella y su madre santa al pie de esa Cruz siguió amándolo hasta el final? Por eso si sientes la cruz de tu vida que pesa, quédate ahí, pero quédate junto a María, que ella si no abandonó a Jesús que es Dios, no lo hará con nosotros.

- **Junto al discípulo amado, estaba su madre**. María Santísima también estaba junto al discípulo amado. Y por estar él junto a ella, le fue entregada. Jesús entregó a su madre a quien estaba junto a ella. Jesús no se la entregó a los que habían huido, sino al que se mantuvo junto a la cruz. No podemos pretender estar junto a Jesús pero decirle: quita a tu madre de aquí, que estorba en mi deseo de adorarte. Necesitamos en el camino a María para mantenernos junto a la cruz, porque ella al pie entiende el dolor que ella también padeció. ¿Discípulos amados que no reciben a la madre que Jesús nos da, algo huele mal? El discípulo la llevó a su casa. ¿Lo hacemos? ¿Le despreciamos un regalo a un ser amado? ¿Verdad que no? Entonces recibamos a María con la alegría del discípulo amado, como quien sabe que seguir los pasos de María es hacernos como Jesús, es unirnos a él, aun en medio de un dolor

Junto a la cruz y junto a María Santísima es la forma en que el Evangelio nos enseña hoy que estamos junto a Jesús. Y tú, ¿junto a quien estás?

Compromiso personal

1. Leer el siguiente texto de la Rosarium virginis mariae:

El Rosario nos transporta místicamente junto a María, dedicada a seguir el crecimiento humano de Cristo en la casa de Nazaret. Eso le permite educarnos y modelarnos con la misma diligencia, hasta que Cristo «sea formado» plenamente en nosotros (cf. Ga4,

19). Esta acción de María, basada totalmente en la de Cristo y subordinada radicalmente a ella, «favorece, y de ninguna manera impide, la unión inmediata de los creyentes con Cristo»

Piensa en las virtudes de María Santísima, y pide a Dios la gracia de pedir una de sus virtudes, que más necesites.

Compromiso grupal

1. Empieza el rezo del Santo Rosario, como quien va a empezar a decir mama! Por primera vez. Medita el pasaje de cada misterio y coloca toda tu vida en la meditación que hagas. Vas a aprender a ver a Jesús con los ojos de María.

Oración

Señor Jesús, que al pie de la Cruz nos dejaste a tu madre santa, danos la gracia de poder amarla como tú la amas, y descubrir en ella, ese rostro maternal que nos cuida y protege desde el cielo, impulsando en nosotros el anhelo de escucharte y obedecerte.

Amén

¿Qué implica servirle a Dios?

"Un día en que Jesús oraba a solas y sus discípulos estaban con él, les preguntó: "¿Quién dice la gente que soy yo?"
Ellos le respondieron: "Unos dicen que eres Juan el Bautista; otros, Elías; y otros, alguno de los antiguos profetas que ha resucitado".
"Pero ustedes, les preguntó, ¿quién dicen que soy yo?" Pedro, tomando la palabra, respondió: "Tú eres el Mesías de Dios".
Y él les ordenó terminantemente que no lo dijeran a nadie." **(Lc 9, 18-21)**

¿Te has preguntado qué es importante a la hora de evangelizar o realizar algún apostolado? ¿Cómo saber si lo estamos haciendo bien? El texto escogido es una linda oportunidad para retratar el servicio que debemos cumplir por el Señor. San Lucas nos presenta el momento en que Jesús pregunta: ¿Quién dicen que soy? Me llama la atención que no preguntó: ¿quién soy?, sino ¿quién dicen que soy? Porque aquí entra en juego lo que nosotros predicamos de Él. La pregunta sería: ¿Predico lo correcto sobre el Señor?

Hay tres cosas que en el servicio a Dios debemos tener presente, sobre todo en estos tiempos:

- **Saber qué piensa el mundo de Dios**. Uno para evangelizar necesita saber qué piensa el mundo, qué anhelos tiene, qué busca como felicidad, qué piensa de Dios. De esta manera podremos saber cómo llevarles el mensaje. Los Apóstoles sabían lo que la gente decía de Jesús, y por eso sabrían como presentarles el Evangelio. ¿Sabemos eso? ¿Cómo le hablamos a esta generación? Este mundo presenta sus propios dioses que hay que vencer mostrando correctamente al Verdadero.

- **Saber bien lo que sé de Dios**. Evangelizar implica una responsabilidad y es tener claro lo que predico y enseño. No puedo ir por el mundo desparramando errores. Debo formarme, debo prepararme, debo tener comunión con Dios. De cómo sea mi vida espiritual, así será el reflejo que vean los demás. San Pedro sabía quién era Jesús: el Mesías de Dios. Sabía quién enviaba a Jesús y a qué lo enviaba. Debemos ser humildes en reconocer que debemos prepararnos, sobre todo en esta era tecnológica en donde abundan los que tratan de vendernos humo sobre el Evangelio, pero no cuidan de lo que enseñan. Tratemos de formarnos bien en la doctrina.

- **Hay que obedecer al Señor.** Un evangelizador que no obedece al Señor no sirve. Jesús es claro en prohibirles a los Apóstoles que digan quien es, y remarca lo que debe pasar, sufrir y sentir rechazo. Aunque ellos no entendieron eso, sino después de la Resurrección, fueron obedientes. Y esto debe cuestionarnos: de nada me sirve saber de Jesús, al derecho y al revés, si hago lo que no me pide. Debo ser obediente en el caminar, porque un evangelizador desobediente no le sirve al Señor.

Este pasaje es la ruta del evangelizador.

Compromiso individual

1. Leer los numerales 51 y 52 de la Exhortación Apostólica Evangelii Nuntiandi de Pablo VI, y analizar cómo lo puedo aplicar a los que están en mi entorno

2. Proponerte la lectura asidua del Catecismo de la Iglesia Católica diariamente.

Compromiso con los demás

1. Reúno a mis familiares para compartirles la lectura de Ef 2, 1-10 y escuchar qué sienten acerca del texto. Aplico los principios de la reflexión

Oración final

Señor Jesús, al reconocerte como el Hijo de Dios Vivo, el enviado por el Padre, te pido me ayudes a ser un servidor fiel, presto a llevar tu mensaje a este mundo que tanto necesita de ti. Ilumíname como a San Pedro para que reconociendo quien eres, serte fiel y obedecerte en todo lo que me mandes, y aprender de mi fe católica para poder enseñar al que lo necesita.

Amén.

¿Qué le puedo dar a Dios?

"Después, Jesús recorría las ciudades y los pueblos, predicando y anunciando la Buena Noticia del Reino de Dios. Lo acompañaban los Doce y también algunas mujeres que habían sido curadas de malos espíritus y enfermedades: María, llamada Magdalena, de la que habían salido siete demonios; Juana, esposa de Cusa, intendente de Herodes, Susana y muchas otras, que los ayudaban con sus bienes" (Lc 8, 1-3)

Jesús iba por los pueblos predicando y anunciando el Reino de Dios. El texto escogido menciona a los doce Apóstoles, pero no dice nada más de ellos, pero en cambio sí nos describe a las mujeres que iban con él y lo acompañaban. Hay dos características que resaltan de ellas que las debemos tener todos los que hemos recibido del Señor.

- **La gratitud del que ha sido sanado.** A Jesús lo seguían mujeres que habían sido curadas. ¿A cuántas personas había sanado Jesús? seguro no todos lo seguían, pero estas mujeres sí. Estas mujeres comprendieron lo que era agradecer la acción de Dios en sus vidas. El texto incluso nos relata que de María Magdalena habían salido siete demonios para que entendemos que cuando Dios actúa nos libera, y luego esa mujer será la primera anunciante de la Resurrección.

Más que un pasado negro, es la humildad de reconocerse libre por el Señor y responder con gratitud. ¿Nos hemos sentido mal por nuestro pasado a pesar de habernos confesado y recibido la gracia? Estas mujeres nos demuestran que no hay por qué pero pasa con frecuencia. ¿Acaso quien ha atravesado el dolor de las consecuencias del pecado no puede ayudar a quien vaya cayendo en ese camino? De tus errores aprendidos y perdonados puedes ser un gran instrumento en manos de Dios.

- **La generosidad del que sabe de quien ha recibido.** Otras mujeres en cambio, que no habían sido sanadas, ayudaban con sus bienes. Es decir, ponían al servicio del Evangelio lo que tenían. Aun el mismo Señor y los Apóstoles necesitaban sostenerse y estas mujeres en medio de su vida cotidiana eran generosas con el Señor. Pero era una generosidad comprometida.

No era una simple ofrenda o aporte, no. Era una generosidad que las hacía acompañar a Jesús.

Hoy día la generosidad se distorsiona en un desprenderse de lo que sobra, de un ayudar sin sacrificio, de un aporte que no me saque del confort. La generosidad en el Evangelio implica compromiso, implica actuar y por ello no basta con decir: Jesús yo la colaboré, porque Jesús no quiere nuestras pertenencias, quiere nuestra alma para salvarla.

¿Y nosotros? ¿Seguimos a Jesús con el mismo amor que estas mujeres?

Compromiso individual

1. La generosidad con el Señor se debe reflejar en el desprendimiento por amor para la obra de Dios. Proponte ayudar dentro de tus capacidades en el sostenimiento de tu Parroquia. Hay muchos apostolados que necesitan recursos, y es una manera de gratitud

con las bendiciones materiales que te da el Señor.

Compromiso grupal

1. Reflexionar sobre las bendiciones de Dios nos permite desarrollar una oración de acción de gracias por lo que nos ha dado. Pero incluso también de lo malo, Él ha sacado cosas buenas. Acércate a quien esté alejado y con tu testimonio, llévalo a que reconozca la acción de Dios en su vida, aun en lo malo que haya podido vivir.

Oración

Señor Jesús, tú que eres fuente de generosidad, que diste tu vida entera por nosotros, por salvarnos y devolvernos tu amistad, permite que nosotros movidos por la luz de tu Espíritu, seamos generosos, y seamos tus manos y pies para llegar a todo el que lo necesita.

Amén

Meditación final de mi vida en Dios

Seguimos en nuestro recorrido por los caminos del Evangelio. Hemos en esta etapa recibido luces sobre nuestra relación con el Señor. Una relación que muchas veces no vivimos en intimidad, no vivimos para descubrir las maravillas de su amor por nosotros.

Las cinco reflexiones que hemos abordado, nos llevan a recorrer distintas facetas, que sobre todo nos ponen en perspectiva también de nuestra relación con María Santísima, y en relación a lo que nosotros le retribuimos al Señor por todas sus bendiciones.

Podemos recapitular así las cinco reflexiones:

Necesitamos redescubrir el valor de la oración como comunión con el Señor, sabiendo que en esa intimidad él nos escucha y nos habla al corazón, nos alimenta y fortalece. Del corazón brota nuestra oración a Dios.

Necesitamos comprender que la vida sacramental es el verdadero alimento de la gracia del Señor. La Eucaristía es el centro de nuestra vida católica y en ella Dios se nos da completamente en Cuerpo, Sangre, Alma y Divinidad.

Necesitamos experimentar el amor maternal de María, madre de Dios, quien nos acompaña en nuestro camino cristiano. Ella desde la Cruz, experimentó el dolor y dio muestras de fe absoluta, algo que como creyentes necesitamos vivir.

Necesitamos partir del encuentro con Dios, para poder escuchar su voz y llevar el mensaje del Evangelio a este mundo que tanto lo necesita. Sólo en la escucha de su Palabra y en crecimiento en la fe podremos mostrar el rostro de Dios con fuerza.

Necesitamos asumir el papel de ser generosos con el Señor, agradecidos por lo que ha hecho en nuestra vida. Cuando nos abrimos a esa gratitud con nuestros medios y servicios experimentamos el gozo auténtico del cristiano, y vivimos el amor de Dios a plenitud.

Mi relación con los demás a la luz del Evangelio

Como elegidos de Dios, sus santos y amados, revístanse de sentimientos de profunda compasión. Practiquen la benevolencia, la humildad, la dulzura, la paciencia.

Sopórtense los unos a los otros, y perdónense mutuamente siempre que alguien tenga motivo de queja contra otro. El Señor los ha perdonado: hagan ustedes lo mismo.

Sobre todo, revístanse del amor, que es el vínculo de la perfección.

*Que la paz de Cristo reine en sus corazones: esa paz a la que han sido llamados, porque formamos un solo Cuerpo. Y vivan en la acción de gracias **(Col 3, 12-15)***

Finalizamos nuestro recorrido por el Evangelio del Señor, analizando cómo está nuestra relación con los demás. La experiencia del Resucitado en nuestra vida no puede sólo quedarse en una vida íntima, que no trascienda, sino que ese amor experimentado debe abrirnos a los demás, y llevarles al Señor.

Para hacerlo primero debimos sanar nuestra propia historia y descubrir quiénes somos ante el Señor. Revisamos nuestra relación con Dios para poder llenarnos, para poder alimentarnos de su Palabra, y por tanto ahora debemos hacer que la luz de Cristo brille para los demás, predicando y anunciando la fe como bien nos enseña la Lumen Gentium del Concilio Vaticano II:

La responsabilidad de diseminar la fe incumbe a todo discípulo de Cristo en su parte[12]

---

[12] Lumen Gentium, Cap. 2, N 17.

El llamado del ejemplo

"Al irse de allí, Jesús vio a un hombre llamado Mateo, que estaba sentado a la mesa de recaudación de impuestos, y le dijo: "Sígueme". Él se levantó y lo siguió.

Mientras Jesús estaba comiendo en la casa, acudieron muchos publicanos y pecadores, y se sentaron a comer con él y sus discípulos.

Al ver esto, los fariseos dijeron a los discípulos: "¿Por qué su Maestro come con publicanos y pecadores?"

Jesús, que había oído, respondió: "No son los sanos los que tienen necesidad del médico, sino los enfermos.

Vayan y aprendan qué significa: Yo quiero misericordia y no sacrificios. Porque yo no he venido a llamar a los justos, sino a los pecadores"". **(Mt 9, 9-13)**

San Mateo es uno de los Doce Apóstoles, y uno de los cuatro evangelistas. En los Evangelios se nos narra varios de los llamados que hizo Jesús, y de Mateo nos dice como Jesús lo encontró y lo llamó, y él lo siguió. Debió haber sido noticia que un publicano, rechazado por los judíos por ser quien le cobraba los impuestos al Imperio Romano fuera escogido por Jesús para seguirle.

Se cuenta que luego fueron a comer y de seguro San Mateo estaba allí. El que antes estaba en la mesa de los impuestos ahora estaba en la mesa del Señor. Pero sucede que empiezan a llegar publicanos y pecadores a esa casa, aun sabiendo que los fariseos los criticarían. ¿Por qué llegaron? Para comer con Jesús, pero seguro que también vieron entrar a Mateo.

Tal vez estos publicanos y pecadores se dijeron: si ese recaudador fue llamado a una vida nueva, nosotros también podemos. Si Jesús se fijó en él a pesar de su vida, también se podrá fijar en nosotros. Y seguro del ejemplo del llamado a San Mateo decidieron dar el paso e ir a comer con Jesús. No se trata por tanto de que me creo sino de lo que creo que Dios puede hacer en mí.

El ejemplo de San Mateo nos debe hacer revisar cómo estamos siendo ejemplo en la vida de otros, y cómo estamos llevando a Dios o alejando de Dios; porque el caso contrario se puede dar, que digan: "si este que sigue a Dios se porta así, ese Dios no lo quiero". Aunque no seguimos al hombre sino a Dios, sí debemos ser coherentes con nuestra vida pues lo único que alguno sepa de Dios tal vez sea lo que ve en nosotros.

Cristo mismo dirá a los ancianos y sumos sacerdotes que los publicanos y pecadores llegarán antes que ellos al Reino de los Cielos pues esos siguieron el ejemplo de Juan Bautista **(Mt 21, 1-32)**, pero ellos ni siquiera se arrepintieron y creyeron. Quiere decir que incluso seguir el ejemplo debe llevarnos a arrepentirnos y creer. Creer en un Dios misericordioso que jamás desprecia un corazón contrito, porque seguidores sin conversión es lo mismo que quedarse donde se estaba antes.

Seamos Mateos en los demás, que nuestro ejemplo impulse a otros a sentirse que también tienen una oportunidad con Dios.

Compromiso individual

1. Escoge entre:
   - San Francisco de Asís
   - San Juan María Vianney
   - San Juan Bosco
   - Santa Rosa de Lima

Lee sobre su vida y piensa cómo puede ser de ejemplo para trabajar algún área de tu vida que necesites mejorar

Compromiso grupal

1. Piensa en alguna persona que sepas esté alejada del camino de Dios y acércate para hablarle del Señor.

Oración

Señor Jesús, tú que eres nuestro Maestro, enséñanos el camino para ser como tú, para imitarte a ti y así alcanzar la santidad. Permite que por tu gracia seamos ejemplo de lo que tú obras en la vida de las personas, y de esa forma irradiar a quienes viven lejos de ti, para que a través de nuestra vida escuchen tu voz amorosa.

Ten misericordia de nosotros, y así como a San Mateo un día lo llamaste a seguirte, que nosotros te sigamos siempre sin desfallecer.

Amén.

Cerca de la familia primero

"Entonces llegaron su madre y sus hermanos y, quedándose afuera, lo mandaron llamar.
La multitud estaba sentada alrededor de Jesús, y le dijeron: "Tu madre y tus hermanos te buscan ahí afuera".
Él les respondió: "¿Quién es mi madre y quiénes son mis hermanos?"
Y dirigiendo su mirada sobre los que estaban sentados alrededor de él, dijo: "Estos son mi madre y mis hermanos.
Porque el que hace la voluntad de Dios, ese es mi hermano, mi hermana y mi madre"". **(Mc 3, 31-35)**

¿Cómo se siente nuestra familia de que le sirvamos al Señor? Hay muchas familias en dónde no hay apoyo, sino problemas y rechazos cuando se decide por servir al Señor. Pero, ¿y cuando la familia termina siendo la desplazada por el servicio? Y peor, cuando se desplaza por cosas materiales y placeres.

El texto escogido nos muestra que a Jesús lo buscaban sus familiares pero no pudieron acercarse a causa de la multitud. Una multitud que representa a veces cosas en las que nos enfocamos y nos alejan de los nuestros. Podríamos preguntarnos hoy: ¿qué multitud me rodea que no deja que mi familia se acerque? ¿Tal vez es el trabajo? ¿Podría el mismo apostolado ser esa multitud que no me deja estar cerca de mi familia? Seguramente que a Dios no le agradaría que descuidáramos nuestra primera Iglesia: nuestro hogar. Es la primera responsabilidad. No podemos escudarnos en el servicio para no atender a los nuestros.

A veces escucho personas decir que deben trabajar duro y pasar tiempo sin estar con sus hijos para poderles dar lo que necesitan, y es eso muchas veces lo que los aleja de la familia; casos en que es obligatorio los hay, pero casos también en donde el estatus y confort es el causante de esa distancia. ¿De quién estamos más cerca? ¿De la familia o de la multitud?

Lo segundo es que Jesús se entera de que su familia lo busca porque alguien viene a anunciarlo. Me parece importante la labor de esa persona que vio a sus familiares de alguna forma, y le avisó al Señor. No dijo: Jesús está ocupado, que vengan luego. Nosotros podemos ser esa persona que podamos anunciar a quien veamos que está ocupado en la multitud y decirle: te necesita tu familia. Muchas veces las personas mismas no se dan cuenta y necesitan que aparezca alguien que vea en medio de la multitud que la familia, o incluso que el Señor lo necesita, pero no se da cuenta por estar ocupado en tantas cosas, y que al igual que Cristo en la Cruz, esa multitud desapareció y lo dejó solo.

Finalmente, comprendamos que si vemos a otro en esa situación, no digamos: es su problema, pues somos de la familia todos por ser bautizados: hermanos en la fe. El Espíritu Santo en el Bautismo nos ha dado a todos el mismo apellido, y para hacer honor a ese apellido debemos hacer la voluntad de Dios, empezando en nuestra familia.

Compromiso personal

1. Haz una lista de las actividades que haces en familia frente a las que haces con particulares, exceptuando lo laboral. ¿Con quién pasas más tiempo?

2. Enumera tres cualidades que notas en cada miembro de tu familia. ¿Se las has resaltado cuando hablas con ellos? Es hora de hacerlo.

3. Invita a quienes viven solos sin su familia, a compartir fechas especiales con la tuya.

Compromiso grupal

Propiciar espacios para compartir sobre la fe católica en familia: ver una película espiritual, orar, rezar el Santo Rosario, leer la Palabra. Asistir a la Eucaristía es muy necesario.

Oración

Señor Jesús, que quisiste nacer en una familia, bendice la que tengo y enséñame a valorarlos, respetarlos y aceptarlos. Permíteme ser luz en entre los míos y dedicarles el tiempo que merecen. Que tu gracia y tu bondad se derramen sobre la mía y todas las familias del mundo, para caminar tras los pasos de la Sagrada Familia.

Pedimos la poderosa de intercesión de San José y la Santísima Virgen María.

Amén.

¿Con quién cuentas?

Cuando Jesús terminó de decir todas estas cosas al pueblo, entró en Cafarnaún. Había allí un centurión que tenía un sirviente enfermo, a punto de morir, al que estimaba mucho.

Como había oído hablar de Jesús, envió a unos ancianos judíos para rogarle que viniera a curar a su servidor.

Cuando estuvieron cerca de Jesús, le suplicaron con insistencia, diciéndole: "El merece que le hagas este favor, porque ama a nuestra nación y nos ha construido la sinagoga".

Jesús fue con ellos, y cuando ya estaba cerca de la casa, el centurión le mandó decir por unos amigos: "Señor, no te molestes, porque no soy digno de que entres en mi casa; por eso no me consideré digno de ir a verte personalmente. Basta que digas una palabra y mi sirviente se sanará.

Porque yo —que no soy más que un oficial subalterno, pero tengo soldados a mis órdenes— cuando digo a uno: "Ve", él va; y a otro: "Ven", él viene; y cuando digo a mi sirviente: "¡Tienes que hacer esto!", él lo hace".

Al oír estas palabras, Jesús se admiró de él y, volviéndose a la multitud que lo seguía, dijo: "Yo les aseguro que ni siquiera en Israel he encontrado tanta fe".

Cuando los enviados regresaron a la casa, encontraron al sirviente completamente sano. (Lc 7, 1-10)

El texto escogido se centra en la fe de un centurión, que tiene un soldado enfermo, y Cristo alaba esa fe. Vamos a analizar el por qué el centurión no va donde Jesús.

Cuando el centurión escucha de Cristo manda a unos ancianos judíos. ¿Por qué no fue el mismo? ¿Flojera? Es evidente que vemos a muchos que se la pasan pidiendo oración a otros pero ellos no oran: hermano ore por mí, hermana pídale a Dios que a usted la escucha más. Ese tipo de gente es floja espiritualmente y no han descubierto el poder de la oración personal. El centurión a diferencia es un hombre que ama al pueblo y les hizo una sinagoga; siendo romano no tendría por qué, pero su capacidad de servicio lo hizo ayudar en lo espiritual a los judíos. Y estos le suplicaban con insistencia a Jesús, por su gratitud.

Cuando Jesús estaba cerca de la casa, el centurión mandó a sus amigos y estos le transmiten fielmente el mensaje a Jesús: no soy digno de que entres en mi casa. El centurión no es que sea flojo, sino que se reconoce indigno delante del Señor, y por eso sus amigos van. ¿Quiénes eran esos amigos? No lo sabemos, no dice, lo cierto es que estos son los que hablan con Jesús y transmiten de tal modo, que Jesús se impacta de la fe de este hombre. Qué bueno tener amigos así.

De esta manera, vemos que el centurión contó con unos amigos y unos ancianos judíos que sintieron como suya la necesidad del centurión. Así nosotros, debemos buscar la ayuda idónea en la oración, en el apostolado, en el crecimiento espiritual, pero siempre haciendo nuestra parte. Saber que si sembramos el bien, eso recogeremos. Si estos hombres no hubieran hablado con Cristo de la forma en que lo hicieron, tal vez el enfermo no se sanaba. Y sobre todo, qué dicha del enfermo tener un amo como el centurión.

Pidamos ser como el centurión, en la vida de los demás, preocupados de sus necesidades y pidiendo la ayuda idónea para que Dios obre en sus vidas. Y sepamos que siendo ese enfermo, hay alguien que tal vez sin conocernos está pidiendo por nosotros.

Compromiso individual

1. Leer el numeral 2635 del Catecismo y reflexiona por qué la oración de intercesión es una muestra de misericordia.

2. Responde ¿En qué áreas de tu vida necesitas ayuda de los demás? Haz una lista de personas

que te han querido ayudar y permite que lo hagan, siendo agradecido.

Compromiso grupal

1. Visita a quienes tienes tiempo de no hacerlo, para compartir un rato, saber de sus problemas y háblales de lo que estás experimentado con el Evangelio.

Oración

Señor Jesús, que viniste al mundo a dar tu vida por nosotros, para reconciliarnos con el Padre, enséñanos a ver la necesidad de mi hermano como la mía. Dame un corazón generoso como el del centurión, para poder interceder por el que lo necesita. Permíteme ser quien pueda suplicarte por el que no lo puede, para que tu misericordia sea derramada en la vida de los demás Amén.

Interés cuánto valés

Jesús dijo también: "Un hombre tenía dos hijos. El menor de ellos dijo a su padre: "Padre, dame la parte de herencia que me corresponde". Y el padre les repartió sus bienes. Pocos días después, el hijo menor recogió todo lo que tenía y se fue a un país lejano, donde malgastó sus bienes en una vida licenciosa.

Ya había gastado todo, cuando sobrevino mucha miseria en aquel país, y comenzó a sufrir privaciones. Entonces se puso al servicio de uno de los habitantes de esa región, que lo envió a su campo para cuidar cerdos.

Él hubiera deseado calmar su hambre con las bellotas que comían los cerdos, pero nadie se las daba.

Entonces recapacitó y dijo: "¡Cuántos jornaleros de mi padre tienen pan en abundancia, y yo estoy aquí muriéndome de hambre!

Ahora mismo iré a la casa de mi padre y le diré: Padre, pequé contra el Cielo y contra ti; ya no merezco ser llamado hijo tuyo, trátame como a uno de tus jornaleros".

Entonces partió y volvió a la casa de su padre.

Cuando todavía estaba lejos, su padre lo vio y se conmovió profundamente; corrió a su encuentro, lo abrazó y lo besó.

El joven le dijo: "Padre, pequé contra el Cielo y contra ti; no merezco ser llamado hijo tuyo". Pero el padre dijo a sus servidores: "Traigan en seguida la mejor ropa y vístanlo, pónganle un anillo en el dedo y sandalias en los pies. Traigan el ternero engordado y mátenlo. Comamos y festejemos, porque mi hijo estaba muerto y ha vuelto a la vida, estaba perdido y fue encontrado". Y comenzó la fiesta.

El hijo mayor estaba en el campo. Al volver, ya cerca de la casa, oyó la música y los coros que acompañaban la danza.

Y llamando a uno de los sirvientes, le preguntó qué significaba eso.

Él le respondió: "Tu hermano ha regresado, y tu padre hizo matar el ternero engordado, porque lo ha recobrado sano y salvo". Él se enojó y no quiso entrar. Su padre salió para rogarle que entrara, pero él le respondió: "Hace tantos años que te sirvo, sin haber desobedecido jamás ni una sola de tus órdenes, y nunca me diste un cabrito para hacer una fiesta con mis amigos. ¡Y ahora que ese hijo tuyo ha vuelto, después de haber gastado tus bienes con mujeres, haces matar para él el ternero engordado!" Pero el padre le dijo: "Hijo mío, tú estás siempre conmigo, y todo lo mío es tuyo.

Es justo que haya fiesta y alegría, porque tu hermano estaba muerto y ha vuelto a la vida, estaba perdido y ha sido encontrado"". (Lc 15, 11-32)

La lectura del texto del hijo pródigo ha inspirado páginas hermosas sobre la misericordia de Dios, pero pocas veces nos detenemos en el hermano, ese muchacho fiel que nunca se alejó de su padre.

El hermano también recibió su herencia, pero aun así se quedó al lado de su padre, trabajando fiel como él mismo lo afirma. Sí ya recibió su herencia tenía dinero suficiente, para incluso festejar con sus amigos, sin embargo no lo hacía, pero se lo reclamará a su padre.

Cuando el hermano volvió, vemos que la molestia fue que el padre mandó a matar el ternero más gordo. El texto lo menciona varias veces: cuando el criado le dice que el hermano volvió y escogieron el ternero gordo, y luego cuando el mayor le reclama al papá, haberlo matado para su hermano. Es decir, lo que le interesaba al mayor era el ternero, no el hermano.

Ese hermano nos retrata muchas veces, y retrata nuestra inconformidad por lo que Dios hace en otros, sin ver que a nosotros también nos atiende:

- Al hermano también le dieron su herencia. Al comienzo del relato dice que el padre LES repartió su herencia, es decir, ambos la recibieron. El Padre los trató por igual. No fue injusto el Padre, si bien el mayor no la malgastó, tampoco fue capaz de compartirla

- Al hermano cuando no quería entrar, el padre salió a su encuentro para rogarle que entrara a la fiesta, así como el padre corrió al encuentro del menor, también sale al encuentro del mayor.

Sin embargo, el padre le dice que todo lo que tiene es de él. Todo es mucho más que un ternero. Y así somos nosotros, aun teniendo herencia, aun sabiendo que todo lo que del padre es de él, terminamos enojados por un ternero.

¿Y en tú vida, cuál es ese ternero que no te deja ver todo lo que tienes de parte de Dios? ¿Somos interesados como el hermano, que sólo quería un ternero pero no le importaba que su hermano hubiera vuelto?

Compromiso individual

1. En la relación con los demás, la envidia no es
   sana. Meditemos en estas palabras del Papa
   Francisco:

   *La envidia es una tristeza por el bien ajeno, que
   muestra que no nos interesa la felicidad de los demás, ya
   que estamos exclusivamente concentrados en el propio
   bienestar. Mientras el amor nos hace salir de nosotros
   mismos, la envidia nos lleva a centrarnos en el propio yo.
   El verdadero amor valora los logros ajenos, no los siente
   como una amenaza, y se libera del sabor amargo de la
   envidia. Acepta que cada uno tiene dones diferentes y
   distintos caminos en la vida. Entonces, procura descubrir
   su propio camino para ser feliz, dejando que los demás
   encuentren el suyo[13].*

Compromiso grupal

1. Eleva una oración de acción de gracias por esas
   personas que en el pasado te hicieron daño pero
   que hoy han cambiado para bien, y necesitas

---

[13] Papa Francisco. Exhortación Apostólica Amoris Laetitia. N, 9.

perdonar. Pide a Dios por los que aún no han cambiado.

Oración

Señor Jesús, hoy delante de ti reconozco mi incapacidad de amar y perdonar, reconozco mi egoísmo cuando veo que tú siendo amor, tienes compasión de quien reconoce su error y quiere cambiar. En esos momentos en que me siento más fiel y bueno que otros, y no descubro que como Padre quieres al pecador que vuelve, dame la gracia de ser como el padre del Evangelio. Enséñame a nunca envidiar la misericordia que tienes con otros, pudiendo yo sentirme amado por ti. Que no pierda tiempo envidiando son disfrutando lo que has hecho en mi vida.

Amén.

Pero la paja sí está

Les hizo también esta comparación: "¿Puede un ciego guiar a otro ciego? ¿No caerán los dos en un pozo? El discípulo no es superior al maestro; cuando el discípulo llegue a ser perfecto, será como su maestro.

¿Por qué miras la paja que hay en el ojo de tu hermano y no ves la viga que está en el tuyo? ¿Cómo puedes decir a tu hermano: "Hermano, deja que te saque la paja de tu ojo", tú, que no ves la viga que tienes en el tuyo? ¡Hipócrita!, saca primero la viga de tu ojo, y entonces verás claro para sacar la paja del ojo de tu hermano. (Lc 6, 39-42)

Este texto es de esos Evangelios más mal utilizados, generalmente cuando no quiero que me hagan ver algo malo, pero creo que no hemos profundizado bien en lo que en el fondo Jesús nos dice:

Primero, el que Jesús empiece mencionando que un ciego no puede guiar a otro, es que todos de alguna manera tenemos ceguera, sea de no ver que necesitamos dejar el pecado, sea no ver que la gracia de Dios nos quiere libres, etc.

Segundo, Jesús no niega que haya una paja en el ojo ajeno, la paja está. No es que con esta cita la paja se desaparece. No es que si estoy en pecado sacando esta cita se me desaparece el pecado o me quito de encima al hermano que me quiere exhortar a abandonarlo. Estamos llamados a aclarar esto y no pensar que es que Jesús justifica al pecador. Jesús precisamente menciona a los ciegos porque si veo a un hermano rumbo a la perdición mi deber cristiano es ayudarlo a no perderse.

Tercero, el asunto es que si veo que hay una paja en el ojo ajeno, implica que de seguro también tendré la mía, será de otro tamaño, será de otra forma, pero es paja al fin y al cabo. Es mi viga y si la paja ajena no debe estar pues la mía tampoco. Más bien ver la otra paja es la que me habla de mi viga. Si tengo una paja debo saber que no debe estar ahí, que la gracia de Dios es capaz de ayudarme a salir de la oscuridad y volver a la luz.

Último, Jesús no dice al final que cada quien se quede con su paja. Manda a que hay que sacarla: "saca primero la viga de tu ojo, y entonces verás claro para sacar la paja del ojo de tu hermano" Es decir, hay que sacar tanto la viga como la paja. Esta cita no es para relajarnos y decir déjame con mi paja que tú tienes tu viga, sino saquemos la nuestra para ayudar al otro.

Al final, Jesús quiere ojos limpios para un corazón limpio

Compromiso individual

1. El Papa Benedicto XVI dijo en una ocasión: *Queridos amigos, aprendamos del Señor Jesús a no juzgar y a no condenar al prójimo. Aprendamos a ser intransigentes con el pecado —¡comenzando por el nuestro!— e indulgentes con las personas. Que nos ayude en esto la santa Madre de Dios, que, exenta de toda culpa, es mediadora de gracia para todo pecador arrepentido[14].*

¿Qué implica para ti ser intransigente con el pecado? ¿Cómo condenar el pecado sin condenar la persona?

2. Has una lista de cosas negativas que ves en otros, actitudes y posturas ante realidades. ¿Cuántas tienes también? Empieza a cambiarlas, porque a veces lo que nos choca en otros es porque se parecen a nosotros.

---

[14] Benedicto XVI, Angelus de Marzo 21 de 2010

Compromiso grupal

1. Estamos llamados a poner en práctica las obras
    de Misericordia. Entre las espirituales tenemos:
    -   Corregir al que se equivoca
    -   Enseñar al que no sabe
    -   Dar consejo al que lo necesita

¿De qué manera puedes poner en práctica estas obras
de misericordia con quien ves estar en pecado?

Oración

Señor Jesús, que eres juez universal, permítenos poder
comprender que tu amor quiere la conversión del
pecador. Tú que denunciaste el pecado y llamaste a la
conversión, permíteme ser instrumento de conversión
en la vida de los demás, así como tú eres la fuente de
conversión en todos nosotros.

Amén.

Meditación final de mi relación con los demás

Hemos terminado nuestro pequeño recorrido meditando cómo podemos transformar nuestra relación con los demás a la luz del Evangelio, comprendiendo que en el otro se hace presente el Señor y me llama a amarlo y servirlo.

Las cinco reflexiones que hemos compartido nos pueden dar algunas pautas de áreas a trabajar en nuestras relaciones, sobre todo porque el católico está en un mundo en donde un ser aislado no puede desarrollarse plenamente. Veamos entonces cómo podemos transformar nuestras relaciones a la luz del Evangelio:

Necesitamos ser testimonio de vida para los demás, reconociendo que lo que muchos crean del Evangelio será la forma en que yo lo vivo; muchas veces con más fuerzas que nuestras propias palabras. Mostrar cómo Dios transforma nuestra vida puede ser la llamada de Dios a otros.

Necesitamos unir a nuestra familia en torno a la Palabra de Dios. Redefinir las prioridades y saber que primero que afuera, es en la familia en donde debemos mostrar el rostro de Dios. Con ellos, ejercer la caridad y mostrar las virtudes del cristiano lleno del Espíritu Santo, y de esta forma protegeré la base de la sociedad.

Necesitamos ver a Cristo en los demás, siendo capaces no de cargar con problemas ajenos, pero sí con la capacidad de levantar al hermano caído, orar por sus necesidades y mostrarle que en momentos de dificultad estamos ahí para darles la mano.

Necesitamos ser agradecidos por lo que Dios regala a otros, teniendo una justa comprensión de mi vida puedo valorar los éxitos de los demás, sabiendo que todos los bautizados somos hijos amados de Dios, y que si alguno ha caído y se ha levantado debe ser motivo de gozo.

Necesitamos comprender la realidad de vida de los demás, y en esa comprensión juzgar con rectitud sobre el pecado y su mal, pero siendo indulgentes y tendiendo la mano al que ha caído, porque de esa forma comprendemos que también nosotros lo hemos hecho.

Un camino que apenas comienza

Hemos terminado estas cortas reflexiones que nos podrán ayudar a encontrar una forma de vivir la Palabra de Dios. El camino continúa, y es nuestro deber proseguir alimentándonos día a día, para seguir cumpliendo el mandato del Señor. Quedan perfectas las palabras de Benedicto XVI:

Por eso, nuestro tiempo ha de ser cada día más el de una nueva escucha de la Palabra de Dios y de una nueva evangelización. ***Redescubrir el puesto central de la Palabra divina en la vida cristiana*** *nos hace reencontrar de nuevo así el sentido más profundo de lo que el Papa Juan Pablo II ha pedido con vigor: continuar la missio ad gentes y emprender con todas las fuerzas la nueva evangelización, sobre todo en aquellas naciones donde el Evangelio se ha olvidado o padece la indiferencia de cierta mayoría a causa de una difundida secularización.* ***Que el Espíritu Santo despierte en los hombres hambre y sed de la Palabra de Dios y suscite entusiastas anunciadores y testigos del Evangelio***[15].

---

[15] BENEDICTO XVI. Verbum Domini, N. 122

En este camino debemos comprender que la escucha y vivencia de la Palabra, tendrá un lugar especial dentro de la Liturgia. Escuchar la Palabra dentro del Sacrificio Eucarístico nos hace participar de un modo más sublime en la comprensión del misterio de Dios.

Orar con la Palabra a través de la Liturgia de las Horas nos lleva a unirnos como Iglesia Viva, colocando nuestras necesidades en manos de Dios, e intercediendo unos por otros.

Aplicando la Lectio Divina podemos en nuestra meditación personal, encontrar un camino, modelo que hemos aplicado en nuestro libro: leer, meditar, orar y vivir.

Que este camino nos lleve con seguridad a vivir más en unión con la Santa Trinidad.